Bruno Osimo

SEI UN VASO DI FIORI DI CAMPO

poesie erotiche e d'amore

Bruno Osimo è un autore/traduttore che si autopubblica

La stampa è realizzata come print on sale da Kindle Direct Publishing

ISBN 9788890859724 per l'edizione cartacea
ISBN 9788898467358 per l'edizione elettronica

Contatti dell'autore-editore-traduttore: osimo@trad.it

Sommario

Prefazione

Le poesie erotiche sono dedicate a storie vere o a storie immaginate, immaginarie. A volte il focus delle lettrici e dei lettori si fissa su questo, quando la sostanza forse dovrebbe essere solo la qualità del testo, la sua capacità di risvegliare idee, emozioni, pensieri.

Quando la cronaca ci comunica di delitti avvenuti tra le mura domestiche viene da pensare che manchi un'educazione a esprimersi con gli altri, con sé stessi, soprattutto nei maschi. Sappiamo amare? Sappiamo sublimare? Sappiamo restare in contatto con noi stessi?

Avendo dedicato la mia vita a mestieri che ruotano intorno alla parola e al suo uso, in questa raccolta ho inserito liriche che cercano di parlare d'amore e di sesso, cercando di mantenere un equilibrio sempre difficile.

Buona lettura!

Milano, 11 marzo 2021

Torna a casa da sola

Torna a casa da sola
ma si manda indietro i capelli
e si ferma a gesticolare.

Sono solo le sette
chilometri dalle idee di mestizia
una fascia nera avvolgente
e si manda indietro i capelli.

I capelli ricadono avanti con sforzo di lei
sempre sembrata allegra
ma stasera l'ho visto:
diavolo.

L'ho vista dalla finestra della cucina

L'ho vista dalla finestra della cucina
illuminata a festa nel buio e nella nebbia
faceva da cornice alla ghirlandina
il legno bianco-giallognolo e lucido
legno giallastro e lucido scrostato

l'ho vista sotto i portici, dove sciami
di signori benvestiti frusciavano
e giovani con piattino e cane
sedevano a terra: «Abbiamo fame»

l'ho vista oggi attraverso la sua lingua acida
e pur lontano ho sentito un'emozione
non certo dovuta alle sue pietre
ma, tra queste, invece a una persona.

Stavo bene tra i tuoi Monsun

Stavo bene tra i tuoi Monsun
dopo, la pioggia è stata gèlida,
– no more Liebe –
mai dimentico il tuo morbidore,
lavarti le mani/acqua tièpida.

Abbraccio le tue ginocchia

Abbraccio le tue ginocchia
sospese da te
e ti disegno col dito una spirale sulla rotula
del mio cervello rivoltato.

Ho profittato della tua posizione girata
per insinuare un dubbio sulla tua verginità
ma la tensione ai tuoi angoli di bocca
ha scoperto un molare dopo l'altro
– una lingua d'acqua tiepida.

Fortunatamente sei entrata nella mia classe
nel Mausoleo al Dio fascista-alone-scuro
fortunatamente hai preso la lezione di prova
dove ti ho sposata nella camera tre zero sette.

La tua pizza di certo era la più piccante
la tua birra la più piccola
la tua oliva la più schiacciata...
perché dopo l'ho infilzata con lo stecchino
dove ridono le autoreggenti.

Amo il tuo seno

Amo il tuo seno lattante
quando lo accarezzo e me lo spalmo sui neuroni
amo il tuo seno scendente
amo il tuo seno.

I nostri incontri occasionati dal caso
– CO-CO-PRO dell'amore –
il mio seme precario sulla tua bocca precaria
amo la tua bocca.

Penetro volentieri la tua tasca ospitale
qui sul materasso lanoso del bed and breakfast
e durante l'aperitivo osservo la tua oliva scivolare
amo la tua lingua.

Ave Federica

Ave Federica
piena di grazia
il signore è con te?
T'accompagnassi io
su treno/battello
in cuniculis cuniculorum
òra fino a nostra morte amén

Ci siamo ubriacati nel parco

Ci siamo ubriacati nel parco come due bambini
e il fondo della panchina era duro:
hai voglia carezze!

Restaurandoci   mattinalmente   durante   l'alba
    gocciolante,
prendevamo il primo tram che passava dalla curva
    dei gridi
per finire il sonno nel gabbiotto del bancomat.

Però sentivamo questo bisogno di bere, di farci del
    male,
di gioire del dolore inflittoci, pur sapendo che
    l'alcol
ci scorreva nel sangue con la bandiera ammosciata.

Squisc squasc

Già sento la mancanza delle tue pugnalate
allo stomaco, all'ora dell'aperitivo
ingollavo noccioline a badilate, campari
per spingerle in fondo, lo scopo dell'oca
era il fegato.

Tu mi facevi venire tra le tue
numerose soste nei servizi pubblici quando
la porta era fermata e le tue relazioni serali
scritte e riscritte e mandate a memoria acciocché
il responsabile regionale e il vice
responsabile nazionale trovassero succoso
il colore del tuo reggiseno.

Mutatis mutandis, mandavi allo sbaraglio
il tuo anello nuziale, alludendo a misteriosi
rumori di squisc squasc prodotti dall'amplesso:
né io insistevo per averne la prova provata dal
  momento
che non avevi emorroide alcuna. In bocca
a te qualsiasi parola suonava materna.

Producevo volumi di poesia inaudita per stupirti
col motore del mio cervello in prima, ma le tue
ambasce t'impedivano di darmela,
la fiducia che davo per scontata e tu mettevi
sempre in saldo.

La cerva è a passeggio

Sei scesa in corsa senza darmi il tempo di frenare
buttandoti nel cespuglio:
guai all'imperfezione della curva.

Sei scesa in corsa senza che potessi contrattare
bloccandomi le caviglie:
il naso s'è schiacciato contro il vetro.

Traspariva dall'ultima foto apertura mentale
e latte di cerva
t'ho cercato al telefono e l'uomo ha risposto
 petando:
«La cerva è a passeggio».

Vergine dentro

Come fare con te che sei vergine dentro –
come toccare la tua pelle senza dover
scalfire i lineamenti come un acido –
penetrarti nel placidio maritale.

Non sono in cerca di spruzzi ormonali da te,
la carezza del tuo pensiero caro per me
che il tutto non sia stato troppo frustrante –
non sono un uomo in calore: molto di più.

Un nuovo posto nel cuore

Mentre macino le tue parole sulla lingua
mi si forma un posto nuovo per il cuore
in basso a sinistra, qui, vicino al fiato
so che lì mi si apprezza, so che lì mi si vuole.

mentre macino la tua lingua sulle mie parole
mi si forma un posto nuovo nel cuore
in fondo a sinistra, qui, vicino al respiro
quando tiro il fiato c'è più spazio per l'aria,
più spazio per la gioia, più spazio per il sereno.

Ti riaccompagno a casa sfinito

Ti riaccompagno a casa sfinito
questo weekend di sesso m'ha esaurito
mentre faccio l'ultima curva non ti basta ancora
e m'accarezzi e riaccarezzi i capelli
sperando di spremere ancora qualcosa.

Persino prima quando mi ti sono appoggiato in
   grembo per dormire
m'hai sabotato il prepuzio
m'hai devastato la lampo
m'hai allentato l'elastico della coscienza.

Sono un bambino cattivo, lo dice il giornale
e tu hai sempre frequentato bambini buoni:
sono un bambino cattivo, accetta la mia parola:
mandi le tue canzoni in una fabbrica di sogni.

Spargo il seme

spargo il seme intorno ai tuoi occhi
– non vorrei, amore, che la tua vista fosse troppo lucida –

spargo il seme intorno alla tua bocca
– facilito, così mi pare, la tua deglutizione golosa –

spargo il seme intorno al tuo collo bianco
– decoro, nelle mie intenzioni, di un monile prezioso le tue
  grazie –

spargo il seme nel tuo intestino
– so che gradisci, so che apprezzi, so che conservi –

spargo il seme nella tua mente
– se non trova terreno fertile non so che farci, amore mio –

Sospensione

T'ho incontrata in una sospensione dei sensi:
la tua camicia era sospesa, appesa, tu sorpresa
  quando
la nebbia s'è diradata, e nello spogliatoio sono
  apparso
baciandoti le rose rosa petalo per petalo.

ti sei ripresa, ti sei presa la libertà di dirmi quando
volevi da me un giro di persona, un
  accerchiamento,
ed io t'ho presa, compresa, posa
le mani sul piano di legno, caldo e umido.

ho carezzato le mezzelune a labbro asciutto
ascoltandoti il cuore attraverso la canotta di maglia
  grezza
e avevo già costruito un ponte solido tra la mia vita
e la tua fronte, la tua guancia.

hai apprezzato la mediazione linguistica, e ho
  penetrato
la tua cultura senza minimamente colonizzarti,
dandoti il tempo di venire a patti con la dura realtà.
la tua testa ha fatto il resto. scintille. atomi. sospesi.

Sei un vaso di fiori di campo

Sei un vaso di fiori di campo
tornito a puntino:
berrei tutta l'acqua per costringere i tuoi fiori a
  saltarmi addosso.

La gomena teneva a freno le boe flottanti,
la gomena – intrecciata tra un fiore e un altro fiore.
Mi sono accanito contro la gomena ma senza
  risultato.

Ti ho dato un passaggio fino a El Arish;
nell'area di parcheggio ho infilato la mano nel
  roseto.
La tua faccia angosciata guardava muta l'orizzonte
  infuocato.
Salutandomi sotto casa mi hai detto
«Dovresti venire più spesso a curarmi le roselline».

Sei un vaso di fiori di campo
tornito a puntino:
berrei tutta l'acqua per costringere i tuoi fiori a
  saltarmi addosso.

Sei la mia pusher di felicità

Sei la mia pusher di felicità:
ogni volta che appassisco
ogni volta che metto il piede fuori dal gradino
sento il tuo braccio florido, il tuo braccio morbido:
scivolare è piacere.

Sei la mia pusher melodica:
le note che mi mandi mi penetrano nei neuroni
mi finiscono nella pancia
mi massaggiano i piedi dopo la corsa
mi carezzano la schiena nella doccia.

Regina reggiana

Sei la Regina della mia volgarità.

Mai voglio avere con te un Rapporto Completo:
quello è il regno della tua concupiscenza coniugale.

Nei giorni dispari la tua bocca ospita il mio
  desiderio,
la tua faccia schizzata per la guarigione permanente
  dell'acne.

Nei giorni pari profano le guance della balena
  bianca
in piedi faccia al muro nel bagno del quarto piano,
una lacrima scarsa aleggia sulla riga d'inchiostro
  nero intorno all'occhio
vicino alla piastrella.

Quando sono dentro di te

Oggi ho prolungato la mia corsa nella neve verso
    sudest
– le mie orme pesanti inframmezzate alle orme
    poetiche di Silva –
e verso le dieci e mezzo sono arrivato a grondare
    alla tua finestra.

M'hai aperto stupita, m'hai aperto in vestaglia,
    m'hai aperto in tuta,
m'hai aperto e sono entrato scavalcando. Le scarpe
a scolare nella vasca, i pantaloni stesi e la maglia in
    lavatrice, sotto
le mutande hai reperito tracce di genitalia, stordite e
    intirizzite.

Un ciucciotto al posto del mio regalo per te,
    sovrastante uno
striminzito sacchetto duro di noccioline.

Facendomi posto all'interno della tua tuta sei
    riuscita a scongelare
il sacchetto, e il ciuccio ha ceduto gli anelli che lo
    attanagliavano:
hai gradito lo scioglimento dei ghiacci sulle tue
    mutande bianche.

Ho voluto

Ho voluto fare l'amore con te con le mie labbra
  sulle tue labbra,
i miei occhi dentro i tuoi occhi,
le mie mani sulle tue guanciotte,
le tue mani sulle mie nocciole divenute noci, susine.

Quando sono

Quando sono dentro di te le tue carezze mi
    solleticano un orgasmo,
quando sono dentro di te e ti avevo promesso di
    uscire,
quando sono dentro di te e dovrei capovolgere la
    posizione per rifarti il rossetto,
quando sono dentro di te vengo, e rivengo, e
    rivengo, perché ti voglio fecondare.

Perdonami sempre

Perdonami sempre quando le mie domande
arrivano da te prima che abbia letto le tue risposte
e le tue risposte arrivano come supposte,
come cachet antinevralgici Iuvat. Adesso ricordo
dove t'ho conosciuta: nel retro della farmacia
sbottonavi gli ultimi tre bottoni per darmi la
  soddisfazione
contro la colonna in mattone pieno.

Perdonami sempre quando le mie risposte
non arrivano mai: di certo non è cattiva
la mia volontà di amarti possederti circondarti
delle mie cure. Di certo se avessi quattro teste
sette mani due peni
t'accarezzerei più spesso e volentieri, t'accarezzerei
sempre per non smettere mai d'accarezzarti,
per non perdere i contatti con la vita e col mondo.

Palermo

Correndo lungo le creste sventate delle onde
là dove il mare è più seltz
inseguo i ricordi d'un'infanzia non mia:
l'aerosol fa malissimo ai miei bronchi milanesi.

Per un attimo ho sperato in una tua apertura di
  decollo:
t'ho aspettato accanto alla gatta a gambe larghe per
  affinità linguistica;
dopo sette aspettative, vedendo che non venivi
ho noleggiato un filmato da sogno senza sottotitoli.

Sedarti sedurti

Amo il nostro vivere appartato
– gl'inglesi lo chiamano «sedurti» –
poco cristianamente esprimo tutte le mie voci
risparmiandoti inestetici brufoli
e abolendo la forfora come concetto.

Palermo by night

La mucchina ci guarda curiosa
– noi nel cespuglio –
farfugli pezzi di lampone e susina
non sputi i semi
ti carezzo il collo senza intenzione
la panna montata conservi nella dispensa per me
  passante.

A pregiudizio devo ammettere che non prevedevo
  tanto spazio
fra l'orlo posteriore e la lingua straniera
tanta scioltezza nel proporre setting, posizioni.

Buio a Palermo: esco a correre per i vicoli dei caffè
  da giocare al lotto –
esci tu a fare la spesa –
passo dall'altra parte e m'imbatto nel tuo carrello
  con sorpresa
ti aiuto a portare a casa il pacco.

Palermo 2

All'alba sguscio fuori dal letto
– il bar dirimpetto ha chiuso la cler da poche ore –
e lavo la bocca sciacquo la bocca la lucido
in pantaloncini e maglietta volo via.

Il carabiniere mi osserva, il custode mi osserva,
il barista mi osserva, il colonnello mi osserva,
l'altro barista mi osserva, i vigili mi osservano
e prendono con noncuranza il numero della targa.

Quando arrivo all'Incrocio Madre,
sciamano i cingalesi verso la chiesa,
imbarazzanti nella loro divisa domenicale
e scendo dal marciapiedi per non schizzarli.

Il barista logopoietico mi osserva molto,
esterrefatto che io voglia proprio lo stesso caffè,
lo stesso bicchier d'acqua gelata
e il cassiere in gabbia ringhia ma non morde.

Tornato in camera lascio cadere a terra il sudore:
il monte Sinai non ha sentito il terremoto
quando mi abbevero all'oasi nascosta tra palme
  ricurve scure
ma la bocca si schiude di piacere al primo
  carotaggio.

Ora mi mandi poesie in tutte le lingue che non so

Ora mi mandi poesie in tutte le lingue che non so
perché io abbia bisogno di te come interprete
ma quando ti porgo il tuo vestito nero per la recitazione
  privata
protesti citando date a caso, fingendoti vergine.

Il tavolo di legno dove stendi la pasta va benone:
ti faccio vedere come faccio la frolla col fruttosio,
ti faccio vedere come faccio la frolla con la farina integrale,
che ti lascia sul fondo della bocca un sapore di vaniglia.

Se ti accomodi sulla poltrona del mio studio
ti chiederò di venirti in braccio se non disturbo.
Voglio farti una collana di perle tutto intorno
alla tua lingua rosa carnosa generosa.

Adoro le pesche allo sciroppo di prugna:
tu le servi su un vassoio di gelatina bianca
sotto il quale nascondo i miei imbarazzi:
riemergono puntuali a intervalli quasi regolari.

Ora mi mandi poesie in tutte le lingue che non so
ma non capisci che la tua poesia è nel tuo corpo,
ma non capisci la poesia delle tue mutande bianche.
ma non capisci la poesie delle tue mammelle orfane.

Non trovo spazio dentro

Non trovo spazio dentro per nuove conquiste,
tecniche, scientifiche, la tua musica langue.
il tuo seno musicale non mi sta allattando,
il tuo seno armonico non mi sta cullando.

Il ramo appena spuntato langue in germoglio,
si ammoscia la pianta, le sue radici di superficie
e tu coccoli altri bambini, proteggi altri cuori.
La tua vitamina sempre a portata di mano in tasca.

Mi sono strofinato...

Mi sono strofinato contro il tuo buonsenso
  morbido
mi sono strofinato fino a morire –
le lacrime mie colavano sul tuo capezzolo
e tu fingevi di non avere freddo.

Mi sono strofinato contro il tuo buonsenso frigido
mi sono strofinato fino a venire –
le lacrime mie colavano sulla tua guancia sinistra
e tu fingevi di non avere orgasmo.

Mi sono strofinato contro il tuo buonsenso opaco
mi sono strofinato fino a sanguinare –
le lacrime mie colavano nel tuo assorbente esterno
e tu fingevi di non amarmi più.

Mi cerchi, non mi vuoi trovare

Mi cerchi, non mi vuoi trovare
mi trovi, non mi vuoi toccare
mi ammiri, non mi vuoi alitare
la tua gioia sulla guancia.

Sei bella, non lo vuoi mostrare
con l'occhio non mi vuoi vedere
guai se rispondo, sei tu a cercarmi sola,
guai se metto in rima il tuo sedere.

Sei florida, ti sbocciano didentro,
sei buonissima, disprezzi quel mio intento
vuoi che voglia ma non vuoi volermi
se non ti parlo parli, se scrivo non rispondi.

Lavoro in un laboratorio bioemozionale

Lavoro in un laboratorio bioemozionale
prendo poco, ma posso portarmi a casa la cavia di sassi
prendo poco, ma posso aprirle la bocca a piacimento
lavoro in un laboratorio bioemozionale

lavoro in una fabbrica di piegoline intorno alla bocca
prendo poco, ma posso portare a casa gli schizzi di saliva
prendo poco, ma posso leccare le labbra sorridenti
lavoro in una fabbrica di piegoline intorno alla bocca

lavoro in una fabbrica di sorrisi
prendo poco, ma posso portare a casa i trucioli
prendo poco, ma non ho vacanza
lavoro in una fabbrica di pensieri sereni

Làsciati scorrere via...

Lasciati scorrere via di dosso la malinconia,
l'acqua sporca delle parole volgari dette da persone normali,
le bestemmie a fin di bene pronunciate da cattedre
di polistirolo: tu non sei quel pesce, una sirena sei.

lascia che ti scivolino oltre i consigli ben dati,
le parole di buonsenso appese come quadri
storti vicino al caminetto di uteri prestati a minuto:
i tuoi occhi i tuoi capezzoli dicono sempre la verità.

lascia perdere gli scarichi laterali dei fratelli, delle
sorelle e delle zie. a volte le bocche scoreggiano
inconsapevoli della propria attività intestinale
– in con sapevoli degli smeraldi che un giorno ti ho trovato
  nel cranio.

La frutta che mi hai portato...

la frutta che mi hai portato alla stazione era ottima
frutta,

l'ho ammirata, l'ho annusata, l'ho misurata con
misura:

non c'è che dire, hai dell'ottima frutta.

m'è piaciuta molto anche la fruttiera,

sobria ma robusta, velata ma visibile:

ho immaginato di portarla a tavola e di servirmi.

quando ti guardo la frutta hai sempre un'aria così
svagata,

così concentrata, di chi sa di sapere ma non vuole
farlo sapere:

ti osservo spesso a tua insaputa, hai un sapore
d'arancia.

la frutta che mi hai portato alla stazione era ottima
frutta,

non ho capito se questa frutta era per me:
non c'è che dire, hai dell'ottima frutta.

Parlo del tuo seno

Parlo del tuo seno
è a lui che penso quando vado a letto
quando mi sveglio
potessi averlo
il mio coseno si potrebbe rianimare
e stare vigile.

Terence Cluckie e altri 4 hanno iniziato a seguirmi

Terence Cluckie e altri 4 hanno iniziato a seguirmi
io no seguirò loro
solo a te decido
di mandare un verso
per avere un cenno
di segno + o –.

Solo il tuo seno

Solo il tuo seno
se mi dai prendo
senza malizia
addormentarmi così
come se fossi il tuo
terzo bambino.

Ho preso un cocktail di pioggia e di fiori degli alberi

Ho preso un cocktail di pioggia e di fiori degli
 alberi
con un soffio di vento
me lo sono goduto sorso a sorso
con una spruzzata di tuono

mi riempo ogni secondo
> pur di noscrivere tte
> tranne venerdì potevamo
> solo se anaccompagnati
> meglio fissare
> onde vitare
> abboccamenti esamici

Quando m'hai portato profiterole

Quando m'hai portato profiterole
t'ho camminato a periferia
per trasmetterla alla tua pelle nivea
ai tuoi occhi di riso
non so se hai capito

ricordo nostro incontro in deserto
intorno solo sassi sassi sassi
serbatoio celeste pieno di benzina
per andare in un punto esatto di nebbia

In costume intero
son venuto al tuo giardino
a scostarti le spalline
a bbassarti le spalline
era sottile, intravedevo
frutti d'altro pianeta

so che dovrei ricancellarti
sai, non ho più nulla
tutto quello che sembrava
riaffiora, pian piano
né le tue poesie
ma è così faticoso
forse

E-rispondimi

e-rispondimi
e-smettila di tenermi il broncio
e-trasmettimi
e-scusami se t'ho trafitto con ago troppo duro
e-però capiscimi
e-raunpezzocheno

Cerco il tuo seno cromatico in quest'alba arrosata

Cerco il tuo seno cromatico in quest'alba arrosata
foriero di te
per carezzarlo.
Rotola il rombo
temporale in arrivo.

Sali sul treno ti prendo

Sali sul treno ti prendo
sotto la mano protettrice
arriveremo a sera finalmente
anche le mie labbra troveranno
parole da tracimare ncoppatté.

Piove sul tuo coseno

Piove sul tuo molare
piove sul tuo bigoriccio
asciùgati se vuoi io pensavo
di pisolare un pochino
prima d'andar a correre.

Non ero stanco di te

Non ero stanco di te,
proprio quel bacio
non in senso comune
ricordo ancora
delle situazioni mondane, volgari
più del primo, più dell'ultimo.

Un angelo incog-nìto

Un angelo incog-nìto
è volata giù a vedere
se poi è tanto difficile morire
sulla bocca degli altri, resuscitare
poi morire ancora piano piano.

Dirglielo a tutte quelle donne

Dirglielo a tutte quelle donne
dei tuoi fantasmi
che invece io so
sul legame segreto
io sono di più senza nome
una stimata collega come loro.

T'amo anche a digiuno prima del prelievo

T'amo anche a digiuno prima del prelievo
t'amo anche nel primo mattino
t'amo nel sonno quando mi tenti col tuo seno
  angelico,
a mezzogiorno.

Sono il tuo monello

Sono il tuo monello
respingi sempre ogni
appuntamento
telacantotelasuono
sperando in un futuro
abboccamento
sinceramente
sono il tuo monello.

Sêi andžêlo

Sêi andžêlo
parola tva appodži p'âno
per non gisturbare
vita suppositamêntê pla
ida gi famil'â
e staj rêlêgata in ku
ina
maglinkognikamiêntê

Inutilmente aspetto di festeggiarti

Inutilmente aspetto di festeggiarti
in pozzanghere di cemento
tra case alte inosservate
al parking del Lidl sgranocchio la torta
una candela.

Còlgo le tue parole morbide tra i detriti

Còlgo le tue parole morbide tra i detriti
briciole di cemento
ma poi mi trattengo
sei una viola sul muretto del carcere
infiorescenza umida.

Il tuo divano di cavallerizza

Mi sono addormentato sul tuo divano di
  cavallerizza
sognando stivali marron, sognando prati di semi,
prati a fiori come la sovracoperta del divano
ho pranzato sul tuo divano in tua assenza
(eri in cucina a stirare fazzoletti ricamati)
ho cenato sul tuo divano mentre non c'eri
(eri a casa a dare la pappina di semi di lino alla
  bambina)
ho passato la notte sul tuo divano mentre di te non
  avevo tracce
(eri a fare nanna nel tuo letto con tuo marito)
ho fatto colazione sul tuo divano, nell'imminenza
  del tuo profumo,
sei arrivata dopo la fine dei toast, la marmellata ce
  l'avevo
col tuo vassoio abbiamo bevuto il tè insieme
sul tuo divano di cavallerizza

Il tuo amore va a scatti

Il tuo amore va a scatti
come la macchina per fare le chiavi
tracciando sulla mia foto sbiadita
picchi neri coi suoi pennini impazziti.

Dalla plancia di comando viro a tutta mancina
e poi contromanovro in fretta:
cerco di tenere la nave in rotta
di collusione con la tua.

Farei volentieri a meno dei tuoi siluri
che tu alla minima distrazione mi scateni contro:
io il mio non te lo scateno addosso:
preferisco non armarlo.

Il nostro amore non è sopravvissuto

Il nostro amore non è sopravvissuto
fino alla spremitura delle olive;
peccato: ti avrei spremuto volentieri i seni
fino a farne uscire un succo dolce.

Il nostro amore non è sopravvissuto
fino allo sbattimento degli olivi;
peccato: ti avrei sbattuto volentieri il tronco
fino al disseminamento delle ghiandole.

Forse il nostro amore sopravvive tuttavia
nel terreno vicino ai semi vicino alle radici;
quando calpesto la terra per fermare la pianta
lo vedo nascere, lo vedo spingere, lo vedo pulsare.

Ho amato il tuo seno

Ho amato il tuo seno come una malizia:
malizia di panna, malizia di amarena,
malizia di mela appena colta, peluria e tutto,
malizia malvagia.

ho amato il tuo seno come un postino:
ogni giorno una lettera un pacco un telegramma,
lettera d'amore o lettera di sesso,
lettera lunga per la compagnia.

ho amato il tuo seno come una miniera:
miniera di sabbia miniera di sale
miniera di versi miniera di risate
miniera di brillanti per le mie pupille.

Era meglio quando pioveva

era meglio quando pioveva
rivoli contornati di pulviscolo nero scivolavano
  pigri
il tuo rimmel sciolto
rigava le guance le chiappe le tette
non facevo caso alle gocce con la testa nera
mentre sforzavo i miei gemiti dentro la tua
  passiflora
e tu eri generosa della tua bocca
generosa dei tuoi sforzi
generosa delle mie avance vicino alla catenina

Il cambio mi dava fastidio alla spalla
sinistra

mentre interlinguavo il tuo grilletto languido
la gomma dell'autoreggente
sa di chewingum
quando il vigile ci ha fermati
per mancanza di auricolare
l'ho subito inserito
non sia mai
prendere multe per negligenze linguistiche
al ritorno
ho solo rabboccato il livello del liquido dei freni.

Sei a quattro zampe sul letto

cercare di capire cosa pensi
alcune macchie capillari sulla coscia destra
immaginare quando te le sfiori con la mano
i tuoi capezzoli penzolano allettanti
chissà se te li stringessi tra le dita
la tua lingua è morbida e umida
immaginare se e quanto ti piace averla
sfondare le tue remore in fatto di esibirsi al
   pubblico
davanti a un'erezione hai un'aria perplessa
superare quel momento di carne soda sulle tue
   gambe
le tue mammelle il giorno prima del diluvio
andare al di là del principio di piacere, di godere
sento le tue convulsioni galoppare da lontano sulla
   tua coscia destra
sbrigare la pratica dell'intasamento ematico
sfondarti il culo.

Pioggia sulla pianura emiliana

È martedì mattina nella campagna emiliana
e piove piove piove piove piove
l'edera s'arrampica su rovine di fabbrica
entra dai vetri rotti
villini di cemento con casalinghe in corpo
a corpo con piastrelle bidet lavandini
idraulici in limousine sbarcano tecnologia
  d'avanguardia
filettatrici e bazooka per le esigenze della massaia
all'anagrafe valenti impiegati identi-
ficano africane plurideflorate senza più nome
che alla Bruciata la danno un tanto al chilo
(gratis ai poliziotti)
si lamentano per la penetrazione delle carni rosse
autentica rarità in tutta quella distesa di pelle
  d'ebano
il canale s'intorbida d'immenso
attenzione sul binario tre: sfreccia il più rapido
lombrico puntuto mai visto in pianura padana
io reduce da una nottata di servizio con la
  pentagenaria
mortificato nel corpo carvernoso nel fittizio
  ansimare
nessuno lavora: è solo uno scambio di vermi e di
  servizi
per il rilancio economico e la disoccupazione
  mentale
per il rilancio dei missili sugli slavi assassini.

A Roma già non piove. Se famo du spaghi.

Non vorrai che ti dico che ti amo

San Zenone in mezzo alle campagne
confinate dal nastro d'autostrada
non so nemmeno da che strada appaia
il corpo tuo che è intenso nel prefabbri-
cato.
Accosto alla tua pompa e faccio il pieno
ed entro con la plastica a pagarti:
non solo non ti parlo, ma nemmeno
oso col tu, e sul tuo seno poso
lo sguardo cotto e lussurioso.
Come lo prenderai questo messaggio?
Io che per stare sveglio spesso assaggio
del tuo capezzolo il gusto con la lingua:
non vorrai che ti dico che ti amo.
Ma spesso di sposarti ho tentazione
come il compagno Emilio di Modèna
come la benzinaia in quel di Udìne:
la moglie per il letto, per i figli,
la moglie per il latte, siam conigli,
e io che viaggio spesso, e torno a casa
e trovo il tuo gran culo ad aspettarmi.
Non vorrai che ti dico che ti amo
ma più d'un brivido m'hai dato, un'emozione
più d'una semplice erezione del pennone
non vorrai che ti dico che ti amo:
te lo dico se vuoi; noi sappiamo
non andar da MacDonald, ma più all'alba
quando ancora sei tutta appiccicosa
ritornare nel letto ancora caldo
e trovare tra le tette il mio riposo.

Smutandato

Bianca nel corpo,
bruna nell'occhio,
la carne del tuo labbro m'ha avvinta:
e il tuo dente, sregolato-sporgente,
mi sorride a me che gli altri non ci sono affatto

sedutami davanti le tue gambe
mi getti e mi rigetti d'occhiate
senza volerlo
senza parerlo
aperta ai miei turgidissimi occhi indifferenti
mentre il sole aranciato d'olivo
t'avvolge di pellicola nella sdraio-vassoio:
confezionata per me.

Al tuo pupattolo i fieri sguardi commuovono
ché già nel tuo cuore m'immagino
vivere
pompando il tuo latteo involucro
e mi compatisco:

non credevo più d'essere uno smutandato al vento,
un traspirolieve,
una   ciambella   sul   piattino   del   tuo   Tè
   intersoggettivo –
il mattino.
Né m'interessa esserci ma un puro amanzo,
incontri squallidi tra siepi e dietro porte di bagno,
ascensori bloccati per i nostri amplessi bestiali,

vite orrendamente stravolte,
corrotte.

Già mi vedo guardare di falso tuo marito,
sorridergli posticcio,
sostituendo il dentifricio al vero smalto.
Guardare la sua guancia un po' unta
per rallegrarmi di come accarezzi la mia
sopra e sotto.

Schiacciato da tanta volgarità già mi vedo buttarmi
giù da un burrone nostrale o alte-
rnativamente convivere con te
in paradiso di olivi e di viti
senza la cameriera
senza la governante
puramente noi a rotolarci negli aghi
di pino troppo lunghi e biforcuti
e schiacciarmi le trippe contro le radici,
contro i nodi che tu porti al tuo shrinko
che io strofino al mio fianco
sperando di sciogliere il grasso,
di esser per te puro muscolo
pura carne per la tua fiera carne
da sospingerti in mille recondite anse,
in mille fibrille da cogliere fresche
patente l'idea della putrida stasi,
della marcia finale.

Di natura il passo
col dito solletichi il padi-

glione e con l'unghia il capello
in un circolo il mento
che farlo per me è ben femminile.

Ma non credere sia questa un'ala
aperta ove tu colga la mia
radiografia:
ben più peggio è restare tal quale
al tuo fianco occultando il bestiale
mio spasimo e cedendo la porzione
alla social convenzione:
che a te
io mi limiti a volgere l'occhio sotto il grembo
al reggiseno
che tu bianco e cospicuo portavi
barcollando malcerta verso il mio conturbante
fascismo verbale
che virtuoso confonde con virtuale
e sottecchi guardavi il mio spratellarmi davanti a te
il mio ultimo pietoso
tentativo di stupire
affettando la cipolla
invidioso dei suoi mille camici.

Correndo in direzione sudest

Correndo in direzione sudest

in direzione alba

l'aria gelata mi entra nei polmoni, nelle pieghe del

  cervello

ci sono Sassi che mi sono lasciato indietro nella

  corsa a ritroso di ieri

dalle ravine emiliane

una corsa troppo veloce, troppo solitaria

a batticuore al centro della biblioteca dei servi

tra i campi innevati

la neve nelle fossette di terra

nelle fossette di guancia

i cachi incòlti rinsecchiscono come testicoli nel gelo

cadranno a primavera sulle foglie secche triturate

e i capelli di corvo

mi guardano dall'Orient Express con supplemento

  funghi:

un rosa implacabile, impossibile da toccare

mendicando parole tra le strade di I´rushalayim.

Stabilizzandosi il punto di vista

Stabilizzandosi il punto di vista

scarto la caramella in fondo alla borsa

quando dispongo lo sperma sul tuo viso
   fa i propri comodi questo sporcaccione
tu mi dispensi un tardo tuo sorriso
   l'umore suo mi mangio in un boccone
guardo il lucido sul labbro umido e terso
   se non altro gli serva da lezione
la tua carezza attorno al sacchettino
   per me un mestiere questo come altro
mi sdilinquisce. no, non mi trattengo
   s'alza e va in bagno, manco fossi gomma
sento il profondo del rene che si svuota
   verrà un poema da tutto questo sperma
per questo posso sopportare prati
   cosa m'importa, se non si può mangiare
grigi di polvere, preservativi usati.

T'amo pia vacca

T'amo pia vacca
inutile dirmi il tuo nome troiano
saprei come disporne
in quanto professionale della resa
avvicina il ginocchio destro al naso
ti sarà sempre vicino
nei momenti difficili
serba il ricordo dentro il tuo stomaco ruminantico
nella ciocca mancante dalla tua metafronte
l'hai fatto a fin di bene
per preservare la specie
dello scoiattolo frottolo cagottolo.

T'ho scossa come un tronco

T'ho scossa come un tronco
sperando di farne cadere qualche frutto
quando t'ho sfiorato il minimo termine
ho sentito che è un frutto duro
nei cinque minuti quotidiani di lingua.

La nostra bambina sa appena camminare
già si sforza di parlare la lingua padre
ha un apparecchio flessibile sulle vertebre del collo
è stata una concezione a prima vista.

Sento già tutto il peso della doppia paternità
cullala tu in mia assenza
domani ti faccio vedere come si fa
anche tuo padre in mezzo ai caprimulghi – credo –
faceva così.

Ti dedico queste gocce di sperma

Ti dedico queste gocce di sperma
sul naso, sugli occhi, sulla bocca
né mai ti chiederò se mi vuoi bene
ma di stringermelo sì, tra le tue vene.

La bibliotecaria

Quando al mattino piovoso del sabato
all'alba parto per le sale di studio,
m'infilo una giacca di trama lasca,
una penna e un taccuino dentro la tasca.

La sala è angusta e gli scaffali fitti,
entrando mi saluta la bibliotecaria,
riposano i libri, allineati, ritti,
bisogna ogni tanto che prendano un po' d'aria.

È donna prodigiosa la bibliotecaria
quando si aggira per la biblioteca:
intere campate da un palco all'altro reca:
a stento resisto allo spostamento d'aria.

Cultura è il verbo ch'ha sempre a fior di labbra,
silenzio! ancheggian minacciose le sue chiappe
la camicetta, a tratti, esplode dalla rabbia
se qualcuno, maldestro, s'azzarda a aprir la bocca.

L'altr'ieri cedendo a tentazione antica
– accanto lei passò con venti tomi di Treccani –
mi sporsi in aiuto con leste e agili mani
per sollevarla un poco di tale fatica.

Confesso: avevo altro disegno:
misurar nella stretta sua possente
la forza dell'amplesso interlibrario:

e all'opra dedicai speciale impegno.

Lei mi squadrò tenendo quel mio gesto
stretto al suo sen, con far professionale
e insieme giungemmo ai piè d'uno scaffale
avanti lei: io la seguiva presto.

Detto fatto, si mise ad inserire
ogni tomo ch'io le passaa da dietro
nello scaffal che in breve fu riempito
di scienza, arte, sport, turismo e moda.

Terminata l'intera operazione
non volli più mollar la posizione
e lei, presa d'amore per la scienza
su e giù oscillava a mo' di riverenza.

Tale omaggio ripetea solerte
in onor di ciascuno dei volumi
era donna che amava le idee aperte
per quanto assai ristretta nei costumi.

Quando l'omaggio alfine fu completo,
ci separammo ognuno al suo lavoro
ostentando il più possibile decoro
celando dentro ognuno il suo secreto.

Capisco il tuo buzìness

Capisco il tuo buzìness
donna managiera
lo capisco e lo ammiro
è un sentimento morbido
per il tuo polpaccio peloso:
a quello solo aspiro.

Non ti sei fatta il peling
me ne accorgo scrutando la calza
con la riga
che su sale ed in giù ti rimbalza
inseguite la riga
che scatena il mio fèling
quando trotterelli con fare guardingo
dalla lezione di marketingo
alla tua camicetta di milon
e alla gonna un'occhiata c'infilo.

Con la bocca più amara constato
che il tuo bechgraund è proprio svuotato
quando t'afferro, managiera bella,
col naso ti solletico l'ascella
l'unico odore
è quello della tua ventiquattrore.

Madre sufficientemente
La macchia sulla tua mano che cucina vellutato
la macchia sul tuo cuore
la macchia lasciata dalla tua madre sufficientemente
cattiva
sul tuo cuore.

La macchia sul tuo braccio che accarezza le mie
pieghe
la macchia sul tuo petto
la macchia lasciata dalla tua madre sufficientemente
lontana
sul tuo cuore.

La macchia sulla tua pelle che raccoglie i miei
capelli
la macchia sul tuo viso
la macchia lasciata dalla tua madre sufficientemente
melmosa
sul tuo cuore.

Più mi schiaccia

Più mi schiaccia questo cielo di nuvole grosse
più mi spinge a correre veloce
verso il tunnel che spero di tracciare
con il vento prodotto dalla mia coda.

Per uscire da questa prigione di piombo dove
sono stato chiuso alla nascita da due giganti
mostruosi vestiti da uccellini che sussurravano
paroline dolcine al mio orecchietto peloso.

Se rallento momentaneamente la mia corsa
è solo per registrare questo messaggio finale
  d'emergenza
prima che le rotaie del tram in curva sulle ruote che
  stridono gènerino
vibrazioni e polvere che mi manderanno
  definitivamente a dormire.

Arriva un altro tram della serie quattro sette zero
  zero
pilotato da un'androide clonata al femminile
quale migliore fine che tritarsi la testa e i testicoli
nella curva stridente della tranviera dopo
che la sabbiera ha cosparso antibiotico lungo tutto
  il costone.

Gli abitanti della magione con bow window
  potranno godersi lo spettacolo in prima fila

gli altri dovranno aspettare la differita però
i bowindesi avranno venduto a caro prezzo le
    registrazioni
e finalmente potranno comprarsi una canna da
    pesca.

Le mucche gialle sono ancora al pascolo tutte
    vestite fosforescenti
scalpicciano cercando invano di superare il tram
io le guardo colto da pietà e getto loro
un boccone di carne cruda un po' filosa che loro
    azzannano
in corsa e si contendono tra loro.

Erano sette ne sono rimasti uno ma quell'uno è
    prescelto
per continuare la progenie scelta e certamente più
    adatta alla sopravvivenza.

Winter Woman

D'inverno
le donne mostrano solo gli occhi lucidi e pelosi.

In primavera
mostrano del reggiseno il pizzo
delle gambe soltanto il primo pezzo
e dalla neve spuntano così i bucaioli.

D'estate le donne si sciolgono
non rimane che una piega appassita,
che una tela appiccicata nella natica
e i seni si rovesciano fuori dai vestiti.

Anche i bucaioli appassiscono
e da rossi diventano grigi anzi grigiastri
anzi si estinguono
per poi ritornare in autunno:
soffi di vento.

Rotto

La totale incapacità di respirare
spezzato
nel mezzo del ragionamento
soffro
sopracciglia biondo topo in parure coi capelli
sciolgo
gli angoli retti delle narici troppo lontani
chiedo
férmati dieci minuti a leggere un libro
intanto
infilo nelle parole tutto l'obbligo che sei per me
tremando.

Ho bevuto veleno pensando di bere poesia

Ho bevuto veleno pensando di bere poesia
ora che corro fuori tutte le tossine sono pentito di avere
  accettato l'amaro calice
avevi un fare sinuoso ed eri bionda e flessuosa come
  una bagascia di periferia
e mi sono lasciato insidiare come un principiante di
  terza media.

Il primo bicchiere mette a tuo agio
il secondo scivola la mano sulla coscia
il terzo i tuoi coglioni sono già nel cappio
la mia principessa mi guardava ogni momento meno
  storto
perciò restavo spiazzato.

Speravo che la mia principessa cominciasse a guardarmi
  male
e a tirare calci feroci nella vagina dentata del biondone.

Sorrideva, invece.

La lavanda gastrica è avvenuta nell'àmbito
  dell'ambulatorio situato
presso la nostra residenza invernale e le tue dita
  telescopiche hanno perlustrato il crasso
ora sto rientrando nell'investimento e compro il giornale
  per stringerlo tra i denti
senza lasciare tracce di saliva.

Certificazione di autenticità

Se ti serve una certificazione d'autenticità per il tuo
  corpo
puoi rivolgerti ai nostri uffici senza esitazione:
forniamo certificazioni per corpi femminili di tutte
  le taglie.

Il sottosdraiato Fulcone Stanislavič certifica che il
  soggiacente corpo
è dotato di numero due capezzoli succhiabili
numero tre orifizi penetrabili
numero sette bocche abbondantemente baciabili
e un seno morbido conforme agli sdandard di gui
  all'artigolo.

Si rilascia per tutti gli usi consentiti dalla legge la
  presente certifica
zione. Letto, firmato, leccato, baciato, in fede mia.

Attraverso i ghiacci della pianura

Oggi non sali
attraverso i ghiacci della pianura
a misurarti col calore
di chi ti sorprende d'assalto –
oggi rimani
né trasalendo così trovare
potresti me transfuga verso oriente
ad altri nasi ad altri occhi a tramutare
la quiete in pancia
destinato
ma il percalle cui un giorno osavo
più non avrei scordato
né le avanzate e le ritirate
su un fronte così flebile
da disguisarmi tra i sassi.

Voglia di mortadella

Voglia di mortadella:
il guinzaglio è lungo
elastico come le mutandine –
e come nitrisco quando vedo le tette di
«Buongiorno, signora!»:
pennini impazziti di terremoti inevitabili.
Sotto la camicia c'è spazio anche per me
per sentimenti misti, insaccati e
grassi come mammina.

Uomo di bestia dentro di noi
spinge, e si fa vivo.

Giubiletta crafmatica!

Giubiletta crafmatica!
prizzolo eritematoso,
scoliotico!
ti cranzo e ti pringuo
– senza crallare –
sproticandoti i frizzi, stralunandoti i pergessi.

Quando mi scorobicchierai l'antrando, quando
mi feticcerai la lattuga?
Io ti rammùnero sempre i passeri, mentre tu
gritòglidi le feluche, e non garabizzeri più :-(.

Bruno Osimo Spazio intorno allo squalo
Bruno Osimo Poesie dall'ospedale psichiatrico
Bruno Osimo Poesie apocrife di Anna Ahmàtova
Bruno Osimo A Silva
Bruno Osimo Per tenerti la mano tra coyote e cinghiale
Bruno Osimo Sguardi rubati ; Gianpaolo Tescari
Bruno Osimo Bolle d'accompagnazione
Bruno Osimo Proposta sibillina
Bruno Osimo Ce l'hai scarico da un pezzo
Bruno Osimo Sei un vaso di fiori di campo
Bruno Osimo La scoiattola d'autunno

Semiotica

Bruno Osimo Semiotica semplice
Bruno Osimo Semiotics for Beginners
Bruno Osimo Semiotica per principianti
Lev Vygótskij, Pensiero e parola
Charles Sanders Peirce Filosofia della mente
Jurij Lotman Il testo nel testo
Jurij Lotman Le tre funzioni del testo
Jurij Lotman Autocomunicazione: «Io» e «Un altro» come destinatari
Jurij Lotman Le mie memorie 1922-1940
Jurij Lotman La semiosfera: culture
Jurij Lotman La cultura e l'intelligentnost'
Jurij Lotman Il ruolo dell'arte nella cultura
Jurij Lotman Asimmetria e dialogo
Jurij Lotman Il modello della struttura bilingue
Peeter Torop La semiotica della cultura. Introduzione alla scuola di
    Tartu fondata da Lotman.
Peeter Torop Biografia privata di Lotman attraverso gli autoritratti. Il
    discorso interno di uno studioso
Peeter Torop La transmedialità dell'autocomunicazione della cultura

Peeter Torop Sugli inizi della semiotica della cultura alla luce delle
tesi della scuola di Tartu-Mosca

La lettera scomparsa
Notte di maggio ovvero L'annegata
La sera della vigilia di Ivàn Kupàla
La fiera di Soróčinci
Memorie di un pazzo

L'arresto. Vivere e morire ai tempi dei gulag
L'istruttoria. Torture, false confessioni, gulag
Storia delle fogne russe. Ondate di deportazione in gulag
La donna in lager. Vita quotidiana nei gulag

Dùšečka
Zio Vanja

Tre sorelle
Il gabbiano
Il giardino dei ciliegi (L'amareneto)
L'insegnante di lettere
Dama con cagnolino: racconto
Casa con mezzanino (racconto di un pittore)
Racconto della signora X
L'isola di Sachalìn
La dacia nuova
A proposito dell'amore
I mužikì
Alle feste di Natale
Per affari di servizio
Nel baratro
Tre anni
Il duello
Ionyč: racconto
L'arciereo: racconto
La sposa: racconto
Kaštanka: racconto
Ragazzi: racconto
Principessa: racconto

Opere di Tolstój

Imparare a scrivere dai bambini
Infanzia
Non uccidere nessuno
Non posso stare zitto Contro la pena di morte
Su ciò che viene chiamato «arte»
Il Vangelo spiegato ai bambini
Il parassitismo
Sonata «Kreutzer»
Il desiderio sessuale
Religione e morale

Perché la gente si droga?
Perché non mangio la carne

Notti bianche
Memorie dal sottosuolo
Il villaggio di Stepànčikovo e i suoi abitanti

L'ebreo in Russia
Il pellegrino incantato. Il mancino
L'angelo sigillato. L'ebreo in Russia

Comune operaia № 13
Il mago nero
Ho ucciso e altri racconti

Bruno Osimo Translation Studies. Contributions from Eastern Europe

Bruno Osimo Handbook of Translation Studies

Bruno Osimo Juri Lotman's Translation Handbook

Bruno Osimo Dictionary of Translation Studies

Bruno Osimo History of Translation

Bruno Osimo Roman Jakobson's Translation Handbook

Bruno Osimo The Translation of Culture

Bruno Osimo Prototext-metatext translation shifts

Anton Popovič La scienza della traduzione

Peeter Torop La traduzione totale

Aleksandar Lûdskanov Un approccio semiotico alla traduzione

Vlahov Florin La traduzione dei realia

Revzin Rozencvejg Manuale di semiotica della traduzione

Jiří Levý La creatività linguistica e letteraria del traduttore

Jiří Levý Stile letterario e stile traduttivo. Come si forma il traduttese

Zuzana Jettmarová Teoria ceca della traduzione

B., S.A. Osimo Distorsione cognitiva, distorsione traduttiva e distorsione poetica come cambiamenti semiotici

Bruno Osimo Manuale del traduttore di Giacomo Leopardi

Bruno Osimo Peeter Torop per la scienza della traduzione

Bruno Osimo La traduzione totale. Spunti per lo sviluppo della scienza della traduzione

Bruno Osimo Teoria della mediazione linguistica

Bruno Osimo Traduzione come metafora, traduttore come antropologo

Bruno Osimo La memoria della cultura: traduzione e tradizione in Lotman

Bruno Osimo Traduzione e nuove tecnologie

Bruno Osimo Terminologia semiotica e scienza della traduzione

Bruno Osimo La lingua non salvata

Bruno Osimo Traduzione giuridica e scienza della traduzione

Bruno Osimo Traduzione della cultura

Bruno Osimo Traduzione letteraria e precisione terminologica

Bruno Osimo Traduzione e qualità

Bruno Osimo Traduzione: aspetti mentali

Bruno Osimo La traduzione totale di Peeter Torop

Federico Bario Come batteva il tamburo
Aleksandr Ânov Le origini dell'autocrazia
Anatolij Rybakov Gli anni del grande terrore
Raffaello Giovagnoli Spartaco
Mihail Arcybašev Sangue
Mikhail Artsybashev Blood
Julija Voznesenskaja Decamerone delle donne
Solomon Volkov Pietroburgo. Storia culturale
Solomon Volkov Šostakovič e Stalin: l'artista e lo zar
Howard Rheingold Comunità virtuali
Bruno Osimo Il poeta in affari veniva da molto lontano
Bruno Osimo Esercizi di stile traduttivo
Bruno Osimo Melanzane dall'antipasto al dolce
Bruno Osimo Dizionario di psicoanalisi
Lucilla Porta, Una sorta di affetto. Romanzo
Tamara Nigi, Stazioni di transito. Haiku scritti sull'acqua
Poesia nascosta. Seicento ricette di cucina ebraica in Italia
Graziella Colonna, Memorie 1927-2024